Carla Nacif
Robson Hamuche

UM *compromisso* POR DIA
PARA PAIS E FILHOS

CARO LEITOR,

Queremos saber sua opinião sobre nossos livros.
Após a leitura, curta-nos no **facebook.com/editoragentebr**,
siga-nos no **Twitter @EditoraGente**,
no **Instagram @editoragente**
e visite-nos no site **www.editoragente.com.br**.
Cadastre-se e contribua com sugestões, críticas ou elogios.

Carla Nacif
Robson Hamuche

UM *compromisso* POR DIA
PARA PAIS E FILHOS

Pequenas ações diárias para
mudar a sua vida em família

Diretora
Rosely Boschini

Editora Assistente
Franciane Batagin Ribeiro

Assistente Editorial
Giulia Molina

Produção Gráfica
Fábio Esteves

Capa
Vanessa S. Marine

Projeto gráfico e diagramação
Vitória Gambôa e Vanessa Andrade

Revisão
Fernanda Guerriero e Carolina Forin

Impressão
Gráfica Geográfica

Copyright © 2020
by Robson Hamuche e Carla Nacif
Todos os direitos desta edição
são reservados à Editora Gente.
Rua Original, 141/143 - Sumarezinho
São Paulo, SP- CEP 05435-050
Telefone: (11) 3670-2500
Site: www.editoragente.com.br
E-mail: gente@editoragente.com.br

Dados Internacionais de Catalogação na Publicação (CIP)
Angélica Ilacqua CRB-8/7057

Nacif, Carla
 Um compromisso por dia para pais e filhos: pequenas ações diárias para mudar a sua vida em família / Carla Nacif e Robson Hamuche. — São Paulo: Editora Gente, 2020.
 384 p.

ISBN 978-65-5544-065-2

1. Relações familiares 2. Pais e filhos I. Título II. Hamuche, Robson

20-4283   CDD 306.87

Índice para catálogo sistemático:
1. Relações familiares — Livro interativo

NOTA DA PUBLISHER

Eu, como mãe, sei da dificuldade que muitas vezes temos de nos conectar verdadeiramente com nossos filhos. Seja por conta da rotina, dos compromissos ou da vida sempre corrida que levamos, é comum deixarmos de dar atenção, fazer as refeições à mesa e priorizar conversas olho no olho em vez da tela do celular.

E no meio dessa correria toda, não nos damos conta de que, para mudar isso, bastam pequenas atitudes diárias. Com algumas práticas implementadas todos os dias, podemos efetuar uma verdadeira transformação em nossa família.

Robson Hamuche já fez sucesso com *Um compromisso por dia*, responsável por diversas transformações pessoais. Aqui, ele se une à Carla Nacif para trazer 365 novas atividades para realizarmos ao longo do ano com nossos filhos ou com nossos pais. É uma receita de sucesso para uma família muito mais feliz e unida e com certeza um novo best-seller que impactará milhares de vidas!

Rosely Boschini
CEO e publisher da Editora Gente

Compromisso

Atenção, esse é um compromisso para ser feito em família — e para todas as configurações de família. O convite é para que vocês se comprometam a ter todo dia esses momentos de conexão propiciados pelas propostas, atividades, reflexões e desafios deste livro. Uma coisa é certa: esse ritual com foco na família vai trazer muitas descobertas, aprendizados e diversão. E vocês se sentirão muito mais unidos!

Nós, da família ....(sobrenome da família)...., nos comprometemos a realizar as atividades para termos dias mais unidos.

Assinatura de cada membro da família:

....

....

....

....

....

1º dia

1º dia

Criem e DECOREM um *pote da gratidão.*

A ideia é que cada um escreva em um papel aquilo que quer agradecer ao longo da semana e vá colocando no pote. No fim de sete dias, vocês abrem para ler juntos.

Mas continuem a encher o pote por 365 dias. Vai ser uma surpresa reler tudo lá no fim!

2º dia

Hoje é dia de desenhar!
Criança: desenhe o presente que você gostaria de dar para seus pais.

2º dia

Adulto: desenhe o presente que você gostaria de dar para seu(sua) filho(a). E conte por quê.

3º dia

Qual foi a viagem **em família** mais **inesquecível** para vocês?

Por quê?

4º dia

Façam uma atividade física juntos.
A que vocês escolherem.

5º dia

Se a mamãe fosse um bicho, qual ela seria?

E o papai?

Por quê?

6º dia

Esta é para todos responderem:

Qual é a sua comida favorita?

7º dia

Dia de abrir o pote da gratidão e ler tudo o que foi colocado lá dentro.

E, depois, fazer uma oração (não importa sua crença) de agradecimento em conjunto.

8º dia

Criança: o que você mais gosta de fazer na sua escola?

Adulto: qual é a parte favorita do seu trabalho?

9º dia

Qual foi o filme que vocês mais gostaram de assistir? Por quê?

....

....

....

....

10º dia

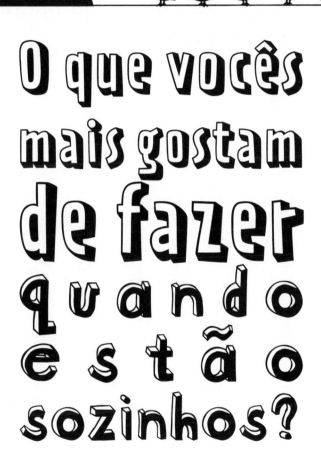

O que vocês mais gostam de fazer quando estão sozinhos?

11º dia

Escrevam aqui para onde cada um gostaria de ir agora se tivesse uma máquina de teletransporte.

12º dia

Conte qual superpoder você gostaria de ter e por quê.

13º dia

Hoje é o dia da ajuda. Cada um vai pedir ajuda em alguma coisa e os outros vão ajudar!

14º dia

Diga algo que as pessoas fazem que deixa você triste.

15º dia

Criança, diga nessa ordem:

1. uma coisa de que você gosta;
2. uma coisa de que você não gosta;
3. e a coisa de que você mais gosta na sua mãe e no seu pai.

16º dia

conte qual foi a sua melhor festa de aniversário.

17º dia

Pare, pense e depois diga:

como você reage quando é contrariado?

18º dia

Brincadeira em família: montar um quebra-cabeça juntos!

19º dia

Dia da ideia.
Quem está precisando de uma ajuda criativa para alguma situação? É só contar o que é e os demais dão as sugestões

(adultos, escolham questões que estejam ao alcance das crianças ajudarem).

20º dia

Desafio na cozinha!

Escolham um prato que todos possam cozinhar juntos e cada um vai fazer uma parte.

21º dia

MOMENTO DO ELOGIO.
E a frase tem que começar com: "Eu adoro quando você...". Todo mundo elogia todo mundo.

22º dia

DIA DA BRINCADEIRA.

CRIANÇA: escolha um jogo ou outra atividade divertida para fazerem juntos.

23º dia

QUEM CANTA OS MALES ESPANTA. HOJE É DIA DE OUVIR — E CANTAR JUNTOS — A MÚSICA FAVORITA DA CRIANÇA.

24º dia

Liguem para uma pessoa de quem vocês gostam muito e que não more com vocês.

25º dia

26º dia

Qual é o seu livro favorito? Por quê?

27º dia

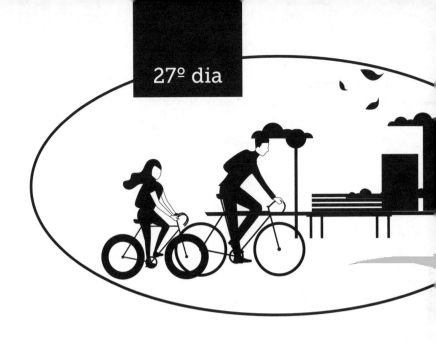

Que tal planejar uma atividade bem legal para o próximo fim de semana?

Façam juntos uma lista das atitudes bem-vindas para manter a harmonia da casa.

29º dia

TAREFAS DOMÉSTICAS.
Como está a divisão aí na sua casa? Que tal uma reunião para ver como cada um pode participar?

30º dia

VAMOS IMAGINAR!
DIGAM COMO É DEUS PARA VOCÊS.

31º dia

Pintem juntos um quadro sobre a natureza.

32º dia

Dia do pedido. Escrevam o nome de todos em papéis e sorteiem um.
O nome que sair tem direito a um pedido, que não pode ser uma coisa, tem que ser uma ação.

33º dia

Pode ser no vaso,
pode ser na terra.
Hoje é dia de plantar
uma árvore.

Pais: contem sobre um dia muito feliz na sua infância.

35º dia

Façam juntos **uma lista com 5 coisas que vocês podem fazer** para **deixar o mundo melhor.**

36º dia

Quem é a pessoa mais engraçada que você conhece? Por que ela te faz rir?

38º dia

Respondam à pergunta: do que vocês têm saudade?

39º dia

Qual é o seu conto de fadas preferido?
Responda explicando o porquê.

40º dia

Escrevam 5 qualidades da sua família.

Nossa família é:

1. _____

_____

2. _____

_____

3. _____

_____

4. _____

_____

5. _____

_____

41º dia

Se vocês pudessem mudar algo no mundo, o que vocês gostariam de mudar?

42º dia

Conte um medo que você tinha e não tem mais.

43º dia

Cada um escreve os **3 pedidos** que gostaria de fazer a um gênio da lâmpada hoje.

....
....
....
....
....
....

44º dia

Teste do cuidado:
o adulto venda os olhos com um tecido, e a criança vai levá-lo por um caminho em casa sem deixá-lo esbarrar em nada.

45º dia

O que uma garrafa pet pode virar?

Coloquem a criatividade para funcionar e inventem algo em conjunto.

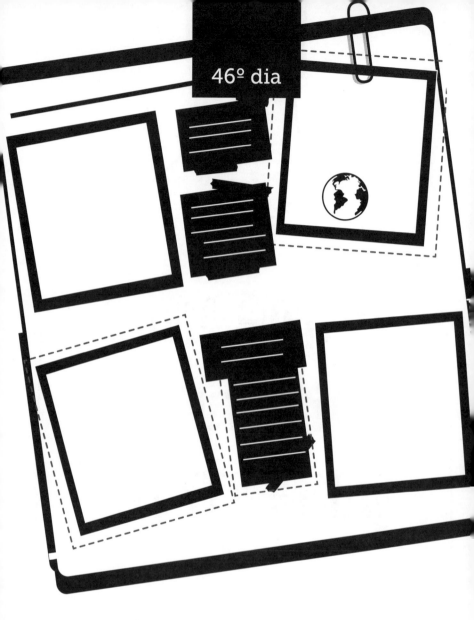

Hoje é dia de rever fotos! Pais: peguem fotos do nascimento do(a) seu(sua) filho(a) e curtam lembrar os momentos juntos.

47º dia

Pintem esse jardim usando as suas cores favoritas!

47º dia

48º dia

Adulto: escolha algo que seu(sua) filho(a) fez e merece um elogio.

E aí, troque a frase **"Estou orgulhoso de você"** por **"Imagino como você está orgulhoso disso!"**.

Observe a diferença na reação dele(a).

49º dia

Vamos fazer uma lista? Escrevam 10 coisas que seu(sua) filho(a) faz que você adora e mostre ou diga para ele(a).

1. _____
2. _____
3. _____
4. _____
5. _____
6. _____
7. _____
8. _____
9. _____
10. _____

50º dia

Qual país vocês mais têm vontade de conhecer? Por quê?

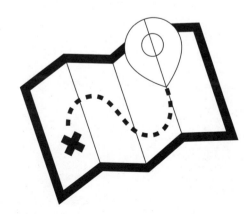

51º dia

Ensine para a criança um trava-língua.

52º dia

Criança: quem é o(a) seu(sua) melhor amigo(a) da escola?

53º dia

54º dia

Pintem esta mandala juntos.

55º dia

Respondam: o que mais irrita vocês?

56º dia

QUAL É A MELHOR PARTE DO SEU DIA?

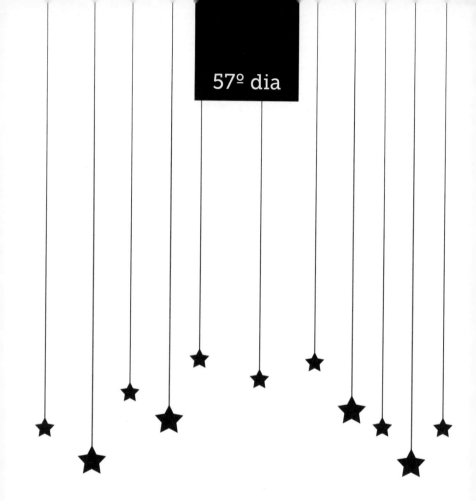

57º dia

Escreva num papel qual é o seu maior sonho hoje.

58º dia

Bora fazer uma arrumação
no quarto das crianças?
Escolham uma gaveta ou
uma parte do armário
e coloquem em ordem.

59º dia

Pais: contem como vocês se conheceram.

60º dia

**Desafio do celular:
a partir de agora, por uma hora, todos vão desligar o celular e fazer outra atividade sem olhar para a telinha.**

61º dia

Elaborem uma lista de tudo o que vocês fizeram de bom hoje. Essa lista é grande ou pequena?

62º dia

Contem uma coisa boa que aconteceu no seu dia. E vamos comemorar.

63º dia

Pai/mãe: hoje, depois que seu(sua) filho(a) for dormir e estiver em um sono profundo, vá até o quarto dele(a) e diga o quanto ele(a) é amado(a) por todos da família e que pode contar com você para o que der e vier.

64º dia

Deem uma volta no quarteirão em busca de coisas belas. Só vemos e curtimos o belo quando prestamos atenção.

65º dia

Seu(sua) filho(a) quer usar o dinheiro da mesada para algo que você considera inútil?

Relaxe.

A experiência vai ajudar seu(sua) pequeno(a) a entender a importância de pensar antes da escolha final para usar bem suas ricas moedinhas.

66º dia

Academia em casa. Os pais fazem os movimentos e o(a) filho(a) tem que repetir. Depois, os papéis são invertidos.

67º dia

Momento da oração. Deem as mãos, fechem os olhos e façam uma oração de agradecimento pelo dia de hoje.

68º dia

Fechem os olhos por alguns instantes e cada um diz qual é o seu sentimento nesse momento. Ele é bom ou ruim? Por quê?

69º dia

Criança:
pense no que você quer ser quando crescer.

Adulto:
ajude seu(sua) filho(a) a pensar em como essa profissão pode fazer a diferença na vida das pessoas.

70º dia

Sabe aquele desentendimento? Procure se conectar com a criança, compreender o seu ponto de vista e ensiná-la sobre o que é certo sem precisar fazê-la, antes, se sentir pior.

71º dia

Criança:
faça um desenho ou escreva
um cartão para seus avós.

72º dia

Escolha um valor pessoal seu — responsabilidade, humildade, honestidade — e fale sobre ele para seu(sua) filho(a).

73º dia

Pai/mãe: hoje, se precisar chamar a atenção do seu(sua) filho(a) por alguma atitude cometida, evite dar bronca. Em vez disso, apenas descreva a situação que você vê e pergunte o que ele(a) acha disso.

74º dia

Dia de sair da rotina (mesmo que seja durante a semana). Troquem uma refeição tradicional por um piquenique. Pode ser na sala, na varanda, no quintal, no parque, na praia...

75º dia

Liste 3 coisas que fazem cada um de vocês se sentir cheio de energia.

76º dia

Adulto: apresente para o(a) seu(sua) filho(a) um artista que você admira. Pode ser um cantor ou um pintor, um grafiteiro. Conte por que gosta daquele tipo de quadro ou música. Deixe a arte entrar na sua casa hoje.

77º dia

O desafio de hoje é tirar os olhos do celular e olhar nos olhos para responder a qualquer pergunta ou comentário de alguém da sua casa.

78º dia

Esconde-esconde é uma brincadeira clássica que, não importa a geração, sempre será divertida. Que tal brincar disso hoje?

79º dia

Cada um conta algo que não saiu tão bem no seu dia e os demais dão apoio para que dê certo da próxima vez.

80º dia

Peguem fantoches ou dedoches (se não tiverem, vale improvisar com brinquedos) e criem uma história. A criatividade é que manda.

81º dia

Seu(sua) filho(a) tem medo de algo? Em vez de dizer que isso é uma "bobagem", aproveite para falar sobre esse sentimento e dar um exemplo de situação que também deixou você com medo e como aprendeu a lidar com ele.

82º dia

> Pais, abram o coração
> e digam para a criança por
> que ela é tão importante
> nesta família.

83º dia

O que anda preocupando você? Hoje é dia de cantar a música do filme *O Rei Leão* que diz: "Os seus problemas, você deve esquecer. Isso é viver, é aprender. Hakuna Matata!" e parar de sofrer por aquilo que nem aconteceu.

84º dia

Trazer amigos em casa é sempre bom — e uma oportunidade de conhecer melhor as crianças que fazem parte da vida do(a) seu(sua) filho(a). Quem vocês querem convidar para uma tarde de diversão?

85º dia

HOJE É DIA DE ESPALHAR SORRISOS POR AÍ. EM CASA, NO CONDOMÍNIO, NA ESCOLA, NO SUPERMERCADO, NO TRABALHO... POR ONDE VOCÊ PASSAR.

86º dia

Pai/mãe: pense em algo que você ainda não ensinou para o(a) seu(sua) filho(a) e que pode já estar na hora, de acordo com a idade. Comer sozinho(a)? Amarrar os sapatos? Tirar o prato da mesa? Às vezes, o tempo passa, os(as) filhos(as) crescem, e não nos damos conta do que eles(as) já podem fazer... só não aprenderam.

87º dia

O que vocês gostam muito de fazer e que não fazem mais? Cada um conta algo. Tem jeito de trazer essa atividade prazerosa de volta?

88º dia

Dia do abraço.
Hoje é simples: basta dar um abraço bem apertado em cada um da família.

89º dia

Bora produzir uma sessão de cinema em casa? Escolham um filme de que todos vão gostar, façam pipoca e se divirtam!

90º dia

Vocês sabem dizer um motivo pelo qual as pessoas gostam de vocês?

91º dia

Assuma o compromisso de hoje, da hora que acordar até a hora de dormir: não brigar com ninguém.

92º dia

Se vocês fossem mudar para outro planeta, qual nome ele teria?

93º dia

Às vezes,
nos estressamos tanto
com as situações do dia
a dia que acabamos
nos esquecendo do que
realmente importa.
Pare um pouco para
simplesmente curtir
as crianças.

94º dia

O desafio é experimentar um sabor novo de comida — pode ser uma fruta, um sorvete, um prato. Todos — adultos e crianças — têm que provar algo novo e dizer o que acharam.

95º dia

Se você pudesse mudar algo em si mesmo, o que seria? E por quê?

96º dia

Adulto:
assista a um vídeo no YouTube que seu(sua) filho(a) adora.
Procure entender onde estão os interesses dele(a).

97º dia

Quanto tempo você leva para arrumar sua cama? Vamos cronometrar?

98º dia

Ensine para o seu(sua) filho(a) uma brincadeira de que você gostava na sua infância.

99º dia

Montem uma playlist com as músicas preferidas de cada membro da família.

99º dia

Nossas músicas:

100º dia

Se você pudesse mudar alguma coisa na sua mãe, o que seria? E no seu pai?

101º dia

Elaborem uma lista de **3 coisas** que fazem vocês **se sentirem felizes**.

....
....

....
....

....
....

102º dia

Escolham os 3 melhores momentos em família que já tiveram.
Escrevam por que foram especiais.

103º dia

Escrevam abaixo o nome de cada um da casa e sua MELHOR QUALIDADE.

104º dia

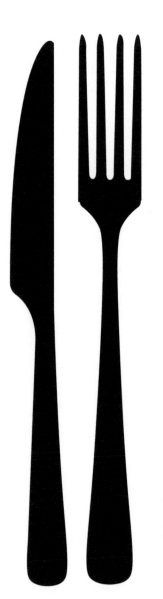

Com algumas ervilhas, grãos de milho, palitos de cenoura, vagem **e um pouquinho de criatividade,** você pode montar pratos com carinhas de bichinhos **e incluir alimentos novos,** como brócolis, por exemplo, na alimentação do seu(sua) filho(a).

105º dia

Pode ser que vocês não estejam chegando a um acordo em casa porque está faltando negociar.

Que tal começar? Uma hora de videogame em troca de toda lição feita. E por aí vai.

106º dia

Criança: diga algo que é ruim para você.

Adulto: ajude a criança a refletir por que aquilo é ruim. **Será que dá pra modificar para algo bom? Ou menos ruim?**

107º dia

Adulto, descreva suas ações durante o dia.

Por exemplo: primeiro, vou tirar a mesa do café da manhã, depois, me trocar e, então, ir para o trabalho. Crianças aprendem pelo exemplo e observando como os pais agem.

108º dia

Quais combinados vocês já fizeram e que não estão sendo mais cumpridos? **Que tal revisá-los?**

- [ ] _____
- [ ] _____
- [ ] _____
- [ ] _____
- [ ] _____
- [ ] _____
- [ ] _____
- [ ] _____
- [ ] _____

109º dia

Na hora de criticar seu(sua) filho(a) por algo, não descreva apenas a parte ruim. Diga o que vê de bom nele(a) e então o que, naquela situação, ele(a) precisa melhorar.

110º dia

Este é o coração da família.
Coloquem dentro dele tudo que vocês acham que merece estar.
Vale desenhos, nomes de pessoas e animais, sentimentos...

111º dia

QUAL É O MELHOR MOMENTO DO DIA PARA VOCÊ?
CADA UM ESCREVE O SEU EM UMA LINHA.

112º dia

QUE TAL ARMAR HOJE UMA FESTA DO PIJAMA?

113º dia

MEDITAÇÃO EM FAMÍLIA!

Tirem os sapatos e sentem-se no chão, numa postura confortável. Fechem os olhos e procurem ficar em silêncio por 5 minutos ou o tempo que conseguirem, prestando atenção aos sons do ambiente.

114º dia

Hoje, ao menos uma refeição do dia deve ser feita com a família toda reunida à mesa.

115º dia

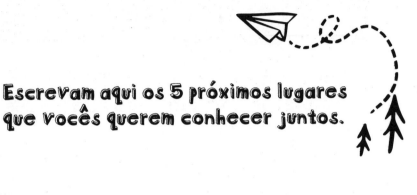

Escrevam aqui os 5 próximos lugares que vocês querem conhecer juntos.

116º dia

Dia de organizar a rotina.

Usem esta tabela para registrar, juntos, os horários e as atividades das crianças.

Horário	Atividades

117º dia

O desafio de hoje é

os pais falarem menos sobre o que gostariam que os(as) filhos(as) fizessem, e os(as) filhos(as) falarem mais sobre o que gostariam que os pais fizessem.

118º dia

TEM MAIS DE UM(A) FILHO(A)?

Crie o **"programa do filho único"** para ter um momento de troca exclusiva com cada filho(a) separadamente.

119º dia

QUE TAL UMA BRINCADEIRA COM ÁGUA?

VALE BANHO DE MANGUEIRA, FAZER UM BARQUINHO DE PAPEL E COLOCAR PARA NAVEGAR NUMA BACIA, REGAR AS PLANTAS... O IMPORTANTE É TODO MUNDO PARTICIPAR.

120º dia

Para refletir:

não dá para exigir calma e paciência do(a) seu(sua) filho(a) se você, adulto, não consegue ser calmo e paciente com ele(a).

121º dia

Adulto: Mostre que confia no(a) seu(sua) filho(a). Dê a ele(a) esse presente. Em vez de protegê-lo(a) de tudo, mostre que acredita no potencial dele(a).

122º dia

Quadro da boa convivência da casa.

Vamos criar juntos uma lista com os cuidados que todo mundo acha importante ter?

....
....
....
....
....
....
....
....

123º dia

ADULTO: SABIA QUE O BRINCAR PODE SER UM MOMENTO DE DESCOMPRESSÃO?

Lembre-se de como você brincava quando criança, como era seu comportamento, do que era divertido brincar, o que sentia, e desperte o seu Ser Brincante.

124º dia

VAMOS IMAGINAR QUE VOCÊS ENCONTRARAM UMA CAVERNA NA FLORESTA E VÃO PASSAR UMA NOITE LÁ DENTRO. DESENHEM O QUE HAVERIA DENTRO DELA.

125º dia

O **resta um** estimula o raciocínio e requer do(a) pequeno(a) o uso de uma série de movimentos válidos para eliminar as peças do tabuleiro até que sobre apenas uma.

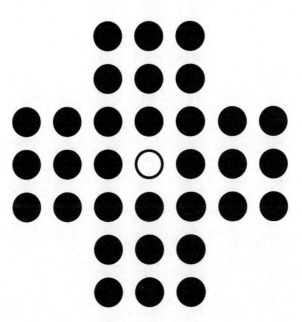

126º dia

Para refletir:
seu(sua) filho(a) pode não ser o melhor aluno(a) da sala, mas vem evoluindo, está feliz na escola e tem amigos.
Talvez isto baste. Amplie seu olhar e considere, sem medo, do que seu(sua) filho(a) tem condições de dar conta.

127º dia

Sem drama à mesa. Durante a refeição, o combinado é ajudar a criança a aprender a se conhecer, respeitar o próprio senso de saciedade e principalmente a se respeitar.

128º dia

Conte à criança a importância das palavrinhas mágicas **obrigado, por favor, desculpe** e por que elas fazem toda a diferença nos relacionamentos.

129º dia

130º dia

Escrevam o que faz vocês se sentirem amados.

131º dia

Batam um papo sobre as emoções. Em quais situações se sentiram tristes, angustiados ou com raiva?

132º dia

Adulto: experimente um jeito novo de impor limites: com liberdade de escolhas.

Um exemplo? Se hoje estiver frio, seu(sua) filho(a) pode escolher a combinação de roupa que quiser, desde que seja adequada à temperatura.

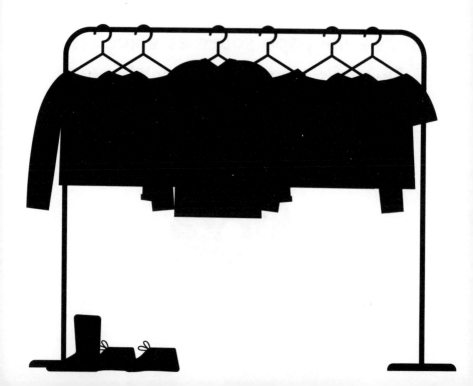

133º dia

Como foi seu dia? Você **sorriu** ou **riu muito** hoje?

134º dia

Dia do "Você sabia?"

Cada um conta algo sobre si mesmo que os outros talvez não saibam.

135º dia

CADA UM ESCREVE EM UMA COLUNA AS COISAS QUE MAIS O INCOMODAM.

136º dia

Se vocês fossem abrir uma loja, o que venderiam nela  e por quê?

137º dia

Inventores em ação

Você já pensou em alguma invenção que pode facilitar alguma coisa no seu dia a dia?
Hoje, toda a família vai ajudar você a pensar nela.
Como seria o funcionamento desse invento?

138º dia

Pai/mãe:

hoje, antes de perder a paciência com seu(sua) filho(a), conte até dez. Ou até vinte. Ou até trinta. E se pergunte se há outra maneira de resolver a questão que não seja desgastante.

139º dia

Como vocês gostam de ajudar os outros?

140º dia

Criança:
conte o que você faria se você fosse a mamãe ou o papai.

141º dia

Façam uma lista de quais flores não poderiam faltar no seu jardim.

142º dia

Se você pudesse inventar um novo feriado, qual seria? E por quê?

143º dia

Vamos fingir que a casa virou um restaurante. Escolham os papéis: quem vai ser o chef, o garçom e quem serão os clientes? Criem toda a experiência em casa.

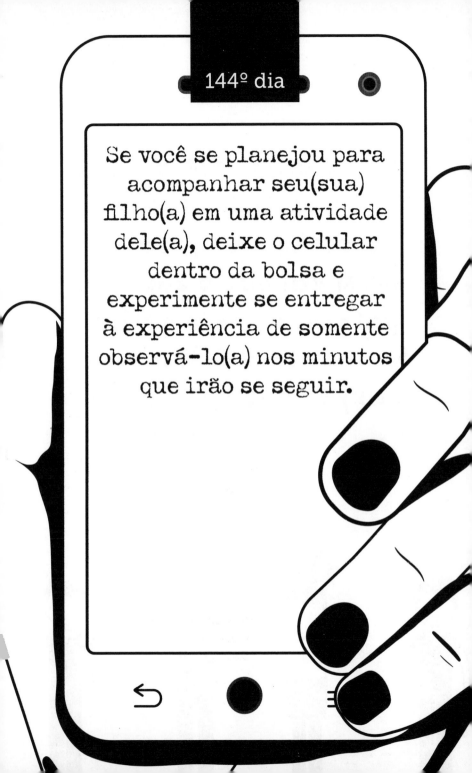

145º dia

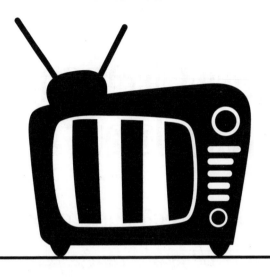

Esta brincadeira não tem o objetivo de competição, apenas de diversão: a ideia é baixar o volume da TV e, na sequência, escolher uma música qualquer para "dublar" o que estiver sendo transmitido.

146º dia

Vamos brincar de "caixa do eu"?

Cada um coloca numa caixa — pode ser de sapato, camisa, papelão... — imagens de coisas que o representem, do que gosta. Depois, cada um apresenta a caixa aos demais.

147º dia

Deite-se no chão e coloque seu(sua) filho(a) sobre o seu peito. Inspire e expire profundamente. Peça para a criança seguir o seu ritmo ou vice-versa.

148º dia

Se você fosse um professor e pudesse ensinar qualquer coisa a seus alunos, o que você ensinaria?

149º dia

Desenhem as melhores coisas da natureza na opinião de vocês.

150º dia

Não se culpe!

Você nem sempre precisa estar totalmente disponível para seus(suas) filhos(as) e nem ser exemplo de perfeição.

151º dia

Deixe seu(sua) filho(a) com tempo livre. Infância é experimentação, e a criança precisa ter tempo para exercitar a criatividade de maneira espontânea.

152º dia

Incentive seu(sua) filho(a) a se dedicar e a dar sempre o seu melhor, mas também ensine que todo mundo tem seus dias bons e ruins e que nem sempre somos tão bons quanto gostaríamos.

153º dia

Para refletir:

Preparar os(as) **filhos(as)** para o **mun**do também significa a**ju**dá-los(as) a compreender que eles(as) nem sempre poderão ser tudo ou terão tudo o que desejam.

154º dia

155º dia

Encorajar uma criança é muito mais benéfico para a autoestima dela do que simplesmente elogiar. Encorajar é dar poder e acreditar que ela é mais capaz do que imagina. **Portanto, ao invés de elogiar, encoraje!**

156º dia

Hoje é dia de ensinar que cada ação tem uma consequência em vez de criar castigos que não têm relação com o que foi feito de errado.

Derrubou algo no chão? **Ensine a limpar.** Machucou o irmão? **Ensine a cuidar do machucado, mesmo que seja com um carinho.**

157º dia

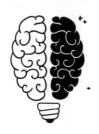

Pensem e escrevam:
o que torna alguém inteligente?

158º dia

Observe e incentive os interesses genuínos do(a) seu(sua) filho(a). Talvez você sonhasse com uma filha bailarina, mas ela quer jogar futebol. Talvez você quisesse que seu filho aprendesse piano, mas ele gosta de tocar violão.

Permita que ele(a) faça as próprias experimentações.

159º dia

Lista das coisas mais estranhas que a nossa família já viu:

160º dia

Se você pudesse fazer qualquer pergunta a um animal selvagem, qual seria?

161º dia

Que tal aprender a fazer algo juntos, pela primeira vez? **pode ser fazer um bolo diferente.**

162º dia

Para todo mundo responder:

o que faz você se sentir corajoso?

163º dia

Acredite no **poder** do **diálogo**. Experimente hoje não **mandar** no(a) **seu(sua) filho(a)**. E sim conversar. Anote como foi.

....
....
....
....
....
....
....
....
....

164º dia

Sigam este passo a passo e façam dobraduras de tsuru, ave considerada sagrada no Japão e que significa boa sorte.

Diz a lenda que, ao fazer mil tsurus com pensamento voltado a um desejo, ele pode se realizar!

164º dia

165º dia

Lembranças que deixam nossa família feliz:

- [ ] _____
- [ ] _____
- [ ] _____
- [ ] _____
- [ ] _____
- [ ] _____
- [ ] _____
- [ ] _____
- [ ] _____

166º dia

Hora de cada um contar:
o que você espera do seu dia ao acordar?

167º dia

As melhores coisas que fazemos na praia:

1ª _____

2ª _____

3ª _____

4ª _____

5ª _____

168º dia

Para refletir:

crianças não pensam como adultos. Imagine um mundo cheio de cores, onde as proporções, os sentidos e os movimentos podem ser percebidos de um jeito diferente. Pode ter mágica. Pode ter fantasia.

169º dia

As primeiras pessoas que vocês procuram quando querem um chamego são:

....

....

169º dia

170º dia

Filho(a), o seu nome é:

----

e esse nome foi escolhido porque:

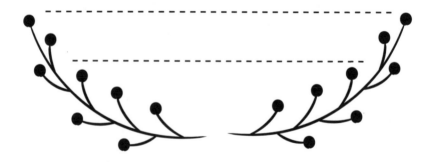

171º dia

Criança: conte ou escreva o que faz dos seus pais especiais.

....
....
....
....
....
....
....

172º dia

Nosso projeto de casa na árvore:

172º dia

173º dia

Que tal armar um jantar à luz de velas em família?

174º dia

Adulto: pergunte para seu(sua) filho(a): "Quando você está com um problema, como gosta que eu ajude você?".

175º dia

Conte uma história para o(a) seu(sua) filho(a) antes de ele(a) dormir.

176º dia

Para todos responderem:

como você mostra às pessoas que você gosta delas?

177º dia

Usem este espaço para desenhar flores de todas as cores e formas que quiserem.

177º dia

178º dia

LISTA DE CONVIDADOS DE UMA FESTA IMAGINÁRIA!

Se vocês pudessem convidar qualquer pessoa ou personagem para seu aniversário, quem seria?

179º dia

Se a história da nossa família fosse um livro, o título seria...

Desenhe a capa aqui!

180º dia

Ensine seu(sua) filho(a) que:

desculpar-se também é entender e assumir que cometeu um erro – e então comprometer-se a não cometê-lo mais. Vá ajudando seu(sua) filho(a) a desenvolver essa empatia e ele(a) aprenderá a se importar mais com o próximo.

181º dia

O TEMA DA CONVERSA DE HOJE É:

VOCÊ SABE DIVIDIR?

Batam um papo sobre situações que são rotineiras na vida da criança. Ela troca figurinhas, brinquedos e até mesmo material escolar? Seu(sua) filho(a) tem uma conduta mais generosa ou individualista? Descubram juntos!

182º dia

QUAIS AÇÕES VOCÊS PODEM FAZER HOJE PARA AJUDAR A SUA COMUNIDADE?

183º dia

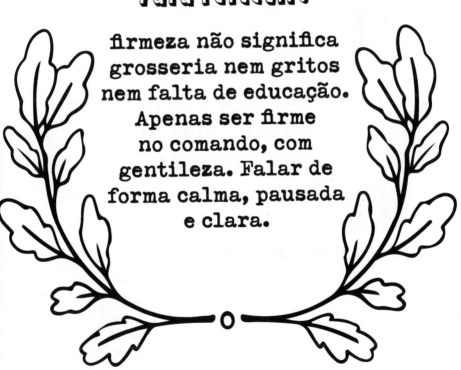

Para refletir:

firmeza não significa grosseria nem gritos nem falta de educação. Apenas ser firme no comando, com gentileza. Falar de forma calma, pausada e clara.

184º dia

Exercício de atenção plena:

peça para seu(sua) filho(a) deitar e colocar um bichinho de pelúcia em cima da barriga. Diga para ele(a) respirar profundamente, enchendo e esvaziando a barriga, prestando atenção no sobe e desce do bichinho. **Faça você também.**

185º dia

Hoje é dia de exercer a solidariedade. Que tal escolherem um brinquedo ou roupinha que não usem mais, mas que estejam em bom estado, para darem a outra criança?

186º dia

Ao encarar um desafio
— pode ser num jogo ou numa lição — não enalteça apenas a solução (acerto ou erro),

mas a jornada da criança neste desafio:
ela teve foco, se empenhou?

187º dia

Incentive seus(suas) filhos(as), desde bem pequenos(as), a poupar:

desde um simples lápis de cor à água que sai da torneira.

Aos poucos, podemos introduzir a noção de dinheiro e ensinar que poupar é guardá-lo em algum lugar bem seguro.

188º dia

Ensine seu(sua) filho(a) a respeitar o espaço do outro, a respeitar outras pessoas como gosta de ser respeitado. Isso já será meio caminho andado para ele(a) conviver em sociedade.

189º dia

CADA UM ESCREVE ABAIXO QUAL É O SEU ESPORTE FAVORITO.

....
....
....
....
....
....

190º dia

CONTE QUAL FOI A COISA MAIS DIVERTIDA QUE VOCÊ JÁ FEZ COM SEU PAI OU SUA MÃE.

191º dia

Muitas crianças não entendem que os pais saem para o trabalho e começam a fazer malcriações para chamar atenção.
Explicar o que está acontecendo e por que você não pode ficar com elas durante o dia inteiro pode ajudar, e muito!

192º dia

É dia de ficar no sofá abraçadinho com seu(sua) pequeno(a) vendo um filme, desenho...

193º dia

Adultos: que tal se permitirem sair do modo executores de tarefas para entrar no modo mãe/pai?

194º dia

Compromisso de hoje:

CHEGAR DO TRABALHO, TIRAR O SAPATO E SENTAR NO CHÃO PARA BRINCAR JUNTO — SEM FICAR CHECANDO O CELULAR (QUE DIFÍCIL, NÉ?).

195º dia

Bora fazer um campeonato de **aviõezinhos de papel?** O desafio é ver qual voa melhor e mais longe.

196º dia

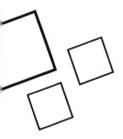

Ensine seu(sua) filho(a) a cuidar das coisas dele(a) e a fazer tarefas de casa. É importante aprender a ter autonomia no ambiente em que vivem.

197º dia

A sala está cheia de brinquedos?

Providencie uma caixa para cada tipo de brinquedo; assim, da próxima vez que terminarem a brincadeira, comece a guardar, junto com a criança,

cada coisa | **em seu** | **lugar.**

Alguma situação ficou mal resolvida entre vocês? Hoje é dia de pedir desculpas.

Mãe para filho. Pai para mãe. Irmão para irmão.

199º dia

Imaginem o futuro em família e escrevam abaixo como vão estar daqui a 5 anos:

....
....
....
....
....
....
....
....

200º dia

O filme mais emocionante que eu já vi foi...

seu nome	nome do filme
....	....
....	....
....	....
....	....
....	....
....	....

201º dia

Criem espaço para a verdade. A melhor postura para lidar com uma mentira é entender a verdade que está por trás dela, em vez de simplesmente aplicar uma punição à criança.

202º dia

TROCAR IDEIAS E NUNCA MENOSPREZAR A OPINIÃO DOS PEQUENOS

É PROCURAR ENTENDER O QUE VAI NO CORAÇÃO DELES.

203º dia

Pense no(a) seu(sua) **filho(a)** com **generosidade.** Qual é a melhor **parte de você que pode dar a ele(a)?**

Não pense em nada que o **dinheiro pode comprar.** Escreva aqui.

_____
_____
_____
_____
_____
_____
_____
_____
_____
_____

204º dia

Criem juntos um espaço de descompressão. Ou seja, um lugar para qualquer um da casa poder ir relaxar quando estiver irritado ou de mau humor. O que terá nesse espaço? Onde vai ser?

....
....
....
....
....
....
....

205º dia

A BRINCADEIRA DE HOJE É... BATUCADA NA COZINHA! A PROPOSTA É CRIAR MÚSICAS COM INSTRUMENTOS ENCONTRADOS NA COZINHA. O OBJETIVO É ESTIMULAR A CRIATIVIDADE E DAR NOVOS SIGNIFICADOS AOS OBJETOS.

206º dia

Que tal desligar o rádio no percurso de casa para a escola e aproveitar para conversar com as crianças?

207º dia

USE O OLHO NO OLHO, FIQUE NA ALTURA DA CRIANÇA PARA GANHAR A CONFIANÇA DELA.

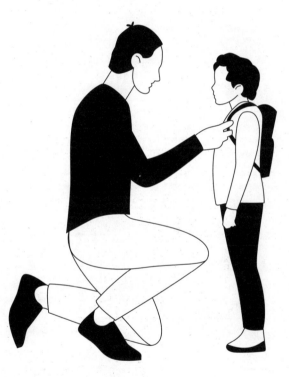

208º dia

Apoie seu(sua) filho(a) em qualquer circunstância. Isso não significa mimar, mas sim se mostrar aberto para tratar **qualquer situação.**

Demonstre hoje essa abertura.

209º dia

Para todos responderem: qual foi a coisa mais importante que você aprendeu até hoje na sua vida?

....
....
....
....
....
....
....
....
....
....
....
....

210º dia

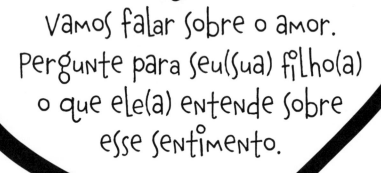

Vamos falar sobre o amor. Pergunte para seu(sua) filho(a) o que ele(a) entende sobre esse sentimento.

211º dia

Procure formatar, orientar e conduzir menos, possibilite-se a criar um espaço onde a criança possa ⤳ **SER,** ⬅──

entenda mais ela e deixe ela te conduzir também.

212º dia

Para refletir: a qualidade da relação não vem só nas férias em família. Está em cada atividade do cotidiano em que você realmente olha para seu(sua) filho(a) com um olhar amoroso e procura estar com ele(a) por inteiro, mesmo no ritmo acelerado do dia a dia.

213º dia

DIA DE EDUCAÇÃO FINANCEIRA. ESTIMULE SEU(SUA) FILHO(A) A GUARDAR UM POUCO DE DINHEIRO PARA FAZER ALGO QUE PLANEJA. DEPOIS, REGISTRE NAS LINHAS ABAIXO:

o que eu quero	quanto vou guardar por mês
....	....
....	....
....	....
....	....
....	....

214º dia

CRIANÇA:
DESENHE AQUI O SEU PRATO FAVORITO.

215º dia

VOCÊ SENTE ORGULHO DO(A) SEU(SUA) FILHO(A)? SEPARE 3 MOTIVOS PELOS QUAIS VOCÊ SENTE ORGULHO E DIGA ISSO EM UM ALMOÇO OU JANTAR.

216º dia

Quadro dos desejos. Quais são os sonhos que vocês sonham juntos?

....
....
....
....
....
....

217º dia

Criança:
ensine seus pais
alguma coisa que
eles não sabem fazer.

218º dia

DIFICILMENTE
uma criança vai fazer
LOGO DE PRIMEIRA
aquilo que você falar.
LEMBRE-SE DISSO HOJE,
quando tiver que repetir pela
100ª
vez a mesma frase.

219º dia

Cada um conta como está se sentindo.

Dividir isso pode ajudar a se livrar de sensações desagradáveis, trazer conforto e alívio emocional.

220º dia

Quais hábitos ou momentos do dia da família podem ser substituídos por mais momentos juntos com brincadeiras e parceria?

221º dia

Algo fundamental no processo de educação?
 Repetição.
Escolha um caminho e siga.
Persista.
Repita várias vezes.

222º dia

Experimente sair do modo automático na hora de cuidar do(a) seu(sua) filho(a).

Curta cada **momento**.

O banho.
A refeição.
A hora de fazê-lo(a) dormir...

223º dia

Arrume um cofrinho para a criança e, se for comprá-lo, deixe que ela participe da escolha. Pode ser uma caixa decorada, uma lata colorida, mas o velho e bom porquinho é, sem dúvida, o mais divertido e significativo.

224º dia

Seu(sua) filho(a) sabe qual é a sua profissão, mas você já teve a oportunidade de mostrar como é o seu trabalho, o que você faz ou até levá-lo(a) ao espaço físico?

225º dia

Encontre o equilíbrio entre ajudar e deixar seu(sua) filho(a) resolver os próprios desafios.

226º dia

Tome **cuidado** com as **palavras**! Prometa apenas aquilo que poderá ser feito. Construa uma relação de **confiança** com seu(sua) filho(a).

227º dia

228º dia

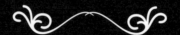

Para refletir:
problemas de adulto não
são simples para crianças
e podem ter uma carga
muito pesada para elas.

Compartilhe o que está
ao alcance da idade
do seu(sua) filho(a)
e da forma que ele(a)
consegue assimilar.

229º dia

O que a gente pode plantar em uma horta em casa?

....
....
....
....

230º dia

Respire fundo e pense na criança como um indivíduo no futuro. Qual a sua **melhor atitude** para ela hoje?

231º dia

Balanço dos últimos sete dias. Dê uma nota de 0 a 10 para estes pontos do relacionamento em família:

Harmonia	
Colaboração	
Tempo juntos	
Carinho	
Conversa	

232º dia

Que tal ter um oráculo em casa e tirar uma cartinha com uma mensagem para a família? Pode ser uma geral ou uma para cada um.

233º dia

Tire o dia de hoje para ajudar seu(sua) filho(a) a ser responsável pelo próprio tempo. Anotem quantos minutos são gastos para cada tarefa do dia:

tarefa: tempo:
....
....
....
....
....

234º dia

Esta brincadeira se chama: descreva o lugar. Feche os olhos e peça para a criança descrever o lugar onde estão – com o máximo de detalhes que ela puder.

235º dia

O que faz você se sentir paparicado?

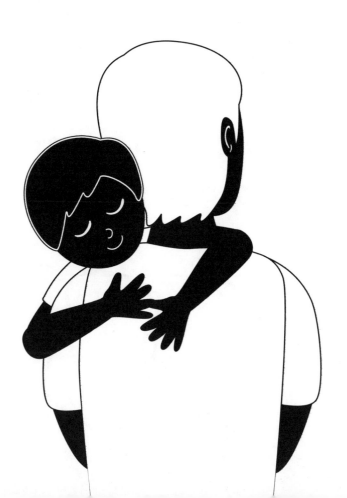

236º dia

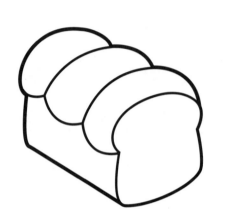

Vamos preparar uma receita de pão a quatro, seis, oito mãos?

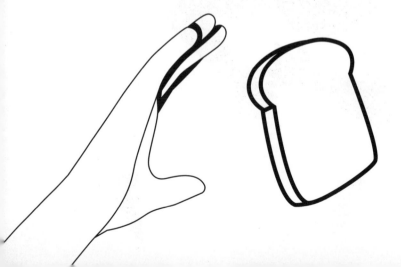

237º dia

Tarefa do amor para todos: escreva vários bilhetinhos com a mensagem "eu te amo" (podem ser desenhos também). Esconda-os em lugares nos quais os demais da família vão adorar achar durante o dia.

238º dia

Ensine seu(sua) filho(a) a respeitar os adultos. Quando um adulto fala, as crianças precisam ouvir com atenção e respeito. Reforce bastante o respeito a pessoas mais velhas, como avôs e avós.

239º dia

Você não precisa sofrer se o(a) seu(sua) filho(a) tiver alguma experiência negativa. Em vez disso, ofereça todo o seu apoio para ajudá-lo(a) a superar.

240º dia

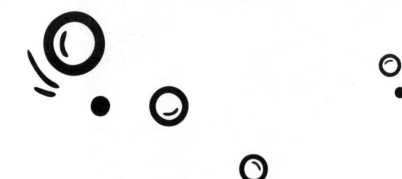

Não caia na tentação de envolver seu(sua) filho(a) num plástico-bolha da proteção em excesso! Policie-se.

241º dia

Adulto: faça um desenho de como você se vê.

Criança: faça um desenho de como você vê seus pais.

242º dia

Se você estivesse em uma peça de teatro, como seria o personagem que você gostaria de interpretar.

243º dia

Faça combinados em vez de impor regras. Vocês podem escrever ou desenhar os combinados aqui.

244º dia

Que tal chamar um amigo do(a) seu(sua) filho(a) para vir brincar em casa?

245º dia

Lista dos melhores talentos de cada membro da família (3 para cada um):

246º dia

Se um amigo lhe pedisse
para guardar um segredo
que você não se sente
confortável em guardar,
o que você faria?

247º dia

Vamos enfeitar a casa com flores hoje?

248º dia

O que fica?

Escolham um armário, estante ou qualquer outro lugar cheio de coisas para jogar fora e façam uma limpeza.

O que é doação?

O que é lixo?

249º dia

Que tal se conectarem com a energia da alegria e do bom humor? Vale escolher um filme engraçado na Netflix ou afastar o sofá e dançar na sala.

250º dia

Explique para seu(sua) filho(a) que é falta de educação interromper alguém que está falando. Seguindo esse conselho, seus(suas) filhos(as) crescerão respeitando mais os espaços das pessoas que os cercam.

251º dia

Hoje, carregue seu(sua) filho(a) para a cama... no colo.
Não importa a idade!

252º dia

É só uma fase. E acredite,
cada fase do(a) seu(sua) filho(a) voa.
Pense nisso quando bater o cansaço
de trocar fraldas, de correr atrás
de um bebê, de cobrar a lição, das
cenas da adolescência...

253º dia

Criem uma brincadeira simples no trajeto de ida ou retorno da escola.

254º dia

PARA REFLETIR:
MUITOS PAIS ACHAM QUE CUIDAR BEM DOS(AS) FILHOS(AS) É DAR A ELES(AS) TUDO O QUE O DINHEIRO PODE COMPRAR. O QUE SEU(SUA) FILHO(A) PRECISA MESMO É DE CARINHO, CUIDADO E ATENÇÃO.

255º dia

Deixe que seu(sua) filho(a) pratique o livre brincar. Sim, em casa mesmo, com os brinquedos e a imaginação, ele(a) também cresce e se desenvolve!

256º dia

Quem gosta de cantar no banheiro? E qual música mais gosta de cantar?

257º dia

O que vai ter de almoço? Montem juntos o cardápio da semana. Com a ajuda de todos fica mais fácil.

	Segunda	Terça	Quarta	Quinta	Sexta
Carboidrato					
Proteína					
Hortaliças					

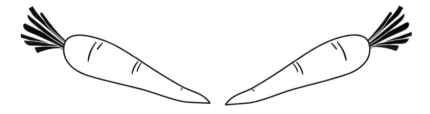

258º dia

Criança:
quem é a sua professora mais legal?
O que ela tem de especial?

259º dia

Conte ao(a) seu(sua) filho(a) como você superou um desafio.

260º dia

Quem parece com quem?
Peguem um espelho e analisem
os traços físicos de vocês.

261º dia

Desacelere e verbalize
seus sentimentos
para seu(sua) filho(a).

262º dia

Para refletir:
pais e mães podem
—e devem — se lembrar de
que são apenas humanos e
nem sempre são perfeitos!
Que também precisam de
auxílio, cometem erros
e nem sempre estão
felizes ou de bom humor.

263º dia

Para refletir:
um ditado africano diz que é preciso uma vila toda para criar uma criança. Não queira fazer tudo sozinho. Delegue.

264º dia

Seu(sua) filho(a) faz repetidamente algo que você considera errado? Evite julgar. E abra espaço para uma conversa franca sobre o que está vendo naquele comportamento, dizendo por que se preocupa com aquilo.

265º dia

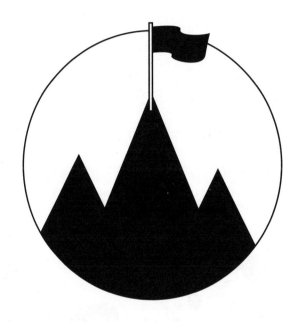

Para refletir:
você não está nesta família à toa. Você tem um papel a cumprir com essas pessoas. Qual é o seu?

266º dia

O compromisso de hoje é... não levar o celular para a mesa de jantar.

267º dia

Em qualquer situação de conflito, lembre seu(sua) filho(a) que vocês estão do mesmo lado, no mesmo time.

268º dia

Lista das atividades que não podem faltar na sua próxima viagem:

269º dia

Cada um pode trazer o que gosta ou gostava de brincar. Proponham juntos a "programação" das brincadeiras. Para crianças bem pequenas que ainda não conseguem verbalizar suas preferências, observe do que elas gostam e desenvolva a brincadeira.

270º dia

QUE TAL PROCURAREM JUNTOS A SOLUÇÃO PARA UMA QUESTÃO? SÓ TOME CUIDADO PARA NÃO DESPREZAR TODAS AS IDEIAS QUE SEU(SUA) FILHO(A) DER.

271º dia

Deixem as crianças na casa dos avós e vão namorar! Todo mundo vai aproveitar.

272º dia

papo em família:
quando foi que alguma coisa mudou de repente e vocês tiveram que se adaptar?

273º dia

Evite dizer para a criança:
você é assim ou... assado.

Em vez disso, questione
por que ela está agindo de
tal maneira. Dessa forma,
não diz que a criança
é o problema.
E dá espaço para que
ela se abra e mude,
se aprimore, melhore.

274º dia

QUE TAL BRINCAR HOJE DE KARAOKÊ?

275º dia

Conte para o(a) seu(sua) filho(a) como foi o dia do nascimento dele.

276º dia

Vamos brincar de mímica? Vale imitar animais ou o que quiser... Sem som. E os outros têm que adivinhar.

277º dia

Faça uma lista de habilidades que você quer ver no(a) seu(sua) filho(a) no futuro:

....
....
....
....
....
....
....
....

278º dia

O momento de birra, briga ou estresse não é o melhor para conversar com seu(sua) filho(a). Deixe a poeira baixar e depois retome o assunto.

279º dia

Pais: contem para os seus(suas) filhos(as) por que escolheram sua profissão.

280º dia

Está na correria e seu(sua) filho(a) pequeno(a) quer brincar? Não diga não. Entre na brincadeira e logo ele(a) estará tão entretido(a) que você poderá ir saindo aos poucos.

281º dia

Em vez de fazer tudo no automático, que tal trazer seu(sua) filho(a) para perto e mostrar como se faz... um churrasco, um bolo, uma costura?

282º dia

MINHAS SÉRIES FAVORITAS NA TEVÊ SÃO:
(cada um escreve as suas)

....
....
....
....
....
....
....
....
....
....

283º dia

Papo em família:
Se eu fosse mudar alguma coisa na nossa casa, seria...

284º dia

Bora todo mundo junto movimentar o corpo por 10 minutos? Vale pular com um pé só, ficar na ponta dos pés, rolar no chão... Como vocês se sentiram depois?

285º dia

Dia da pintura:
uma área externa, mesa forrada, lápis de cor, tinta, giz de cera e liberdade para criar em família.

286º dia

Cada um conta:
quem é o seu melhor
amigo? E o que o torna
tão incrível?

287º dia

FILHO(A): DESENHE VOCÊ MESMO COM A SUA ROUPA OU BRINQUEDO FAVORITO.

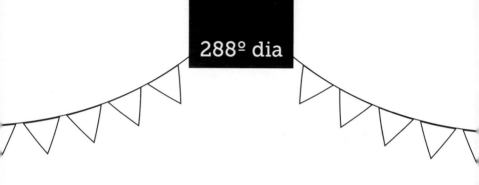

288º dia

Vamos celebrar em família? Escolham as melhores coisas que aconteceram neste mês e façam um momento de festa.

289º dia

coisas que gosto
de fazer sozinho:

....
....
....
....

coisas que gosto
de fazer com o
papai ou a mamãe:

....
....
....
....

coisas que gosto
de fazer com
os amigos:

....
....
....
....

290º dia

Lista dos pontos a melhorar de cada membro da família:
(apenas 2 pontos para cada um)

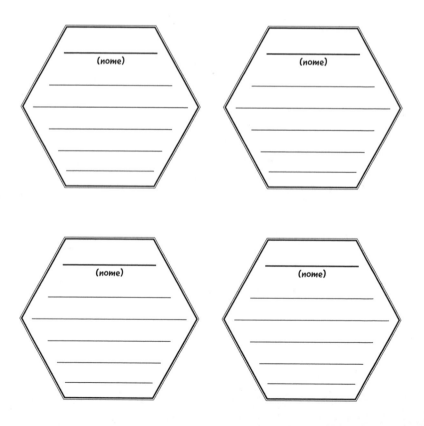

291º dia

Ensine uma brincadeira de roda para seu(sua) filho(a).

292º dia

Descrevam aqui um fim de semana perfeito.

293º dia

Para refletir:
em que lar emocional você está? Ou seja, qual é o sentimento mais constante na sua vida? A emoção que você expressa é o que a criança observa e aprende.

294º dia

Muitas vezes, a birra serve para chamar atenção dos pais, seja porque a criança está com sono, fome ou até saudade dos pais. Se perceber que, assim, seu(sua) filho(a) quer mesmo a sua presença, acolha-o(a). Ceder também faz parte.

295º dia

Atividade para aumentar a consciência e o foco na respiração. Tracem com o dedo o desenho dessas ondas, inspirando quando estiver no pico da onda e expirando quando estiver descendo a onda. Se quiserem, repitam.

296º dia

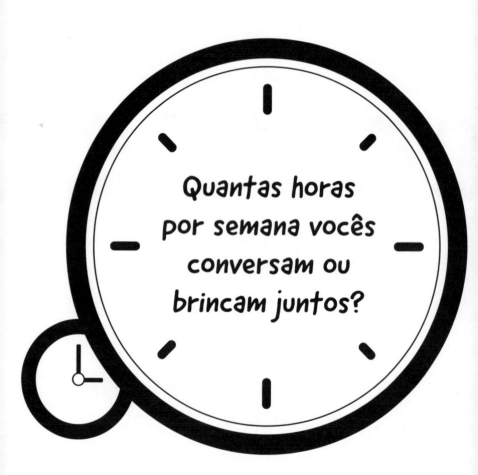

297º dia

Z
Z
Z

Façam um ritual de sono tranquilo 30 minutos antes do horário estabelecido para dormir. Desliguem a tevê, evitem telas, tomem um banho relaxante e deixem a casa mais silenciosa.

298º dia

Alimente a autonomia, dando a chance de a criança solucionar desafios como achar melhor. Pode não ser o caminho mais rápido ao seu ver, mas deixe que ela veja o mundo de sua própria perspectiva.

299º dia

A birra não é uma escolha. É um reflexo de algo que faz a criança se sentir triste, frustrada, com raiva ou até mesmo cansada. Já investigou?

300º dia

A nossa primeira viagem em família foi para:

....

Meio de transporte usado:

....

Onde ficamos hospedados:

....

As coisas mais legais que fizemos:

....

301º dia

Não é fácil distinguir coisas de que precisamos daquelas que apenas queremos comprar. Ajude seu(sua) filho(a) a pensar no melhor destino para o dinheiro da mesada ou que ganhou de presente.

302º dia

Faça combinados. Por exemplo, se o(a) seu(sua) filho(a) faz uma birra cada vez que vai ao supermercado, coloque os limites antes de sair de casa, procurando chegar a um acordo, como: "Vamos comprar pão, mas nada de bolos hoje, ok?".

303º dia

Que tal selecionar as fotos que estão no celular para imprimir e montar um álbum?

304º dia

Para refletir: crianças não precisam de muito para se sentirem felizes. A alegria pode estar em ir fantasiado para a escola ou ganhar um sorvete de chocolate. Simples assim.

305º dia

Para todo mundo responder: qual é a festa que você mais gosta durante o ano e por quê?

306º dia

Compartilhe com seu(sua) filho(a) suas escolhas. Por que você decidiu isto, e não aquilo. Faça isso de uma forma leve e clara, de acordo com a idade do(a) seu(sua) filho(a).

Problemas que pareciam grandes (no trabalho, por exemplo) ficam pequenos. A gente aprende a ser resiliente. Quem já passou por noites seguidas em claro vê problema em poucas coisas.

308º dia

Invista um tempo orientando seu(sua) filho(a) nos hábitos de autocuidado. Como escovar os dentes, como lavar o cabelo e para que serve cada produto. Às vezes, achamos que eles(as) sabem o óbvio. E não sabem.

309º dia

Melhor do que namorar no sofá é juntar a família toda nele, mesmo que isso signifique ter que gerenciar uns pés e mãos que incomodam um e outro.

310º dia

Criança: escreva ou desenhe aqui o que você já sabe fazer sozinha.

311º dia

Papo em família:
O que é empatia e por que ela é importante?

312º dia

Acredite: festas superproduzidas são legais para os adultos. Para as crianças, estar com a família e os amigos queridos é o que mais importa.

313º dia

Atitudes diárias que vamos tomar para cuidar melhor do nosso planeta:

....

....

....

....

....

....

....

314º dia

Você pode evitar dar uma bronca. Sabe como? Procure ver as coisas do ponto de vista do(a) seu(sua) filho(a). Depois, exponha o seu.
E cheguem a um acordo.

315º dia

Para refletir:

dê menos conselhos, faça menos sermões e aja mais da forma como quer que seu(sua) filho(a) aja.

316º dia

Melhor atitude para quando seu(sua) filho(a) disser que está entediado(a): tenha empatia e diga que tem certeza de que ele(a) vai conseguir achar algo legal para fazer.

317º dia

Papo em família:
Pense em um pessoa de quem você não gosta. Por que você não gosta dela? Será que dá para achar qualidades nela?

318º dia

Cobrar-se por não ser igual a fulana ou sicrano só vai fazer seu(sua) filho(a) ficar mais longe de quem você é na essência. E ele(a) precisa de você, do seu jeito.

319º dia

Escreva uma carta para seu(sua) filho(a).

320º dia

Para refletir: em quais momentos você sente mais culpa como mãe/pai? O que você poderia mudar para aliviar esse sentimento?

321º dia

Criança: qual o presente mais inesquecível que você já ganhou dos seus pais?

....

....

322º dia

A brincadeira de hoje é completar a frase um para o outro:

EU GOSTARIA QUE VOCÊ FOSSE MAIS

EU GOSTARIA QUE VOCÊ FOSSE MENOS

323º dia

Se você sempre estiver olhando para uma tela, seu(sua) filho(a) vai querer olhar também. Crianças aprendem pelo exemplo.

324º dia

Escrevam aqui os 3 motivos pelos quais os irmãos mais brigam. E como vocês podem resolver isso focando a causa.

325º dia

Como vocês estão se sentindo hoje? Desenhem uma carinha e escrevam o sentimento ao lado dela.

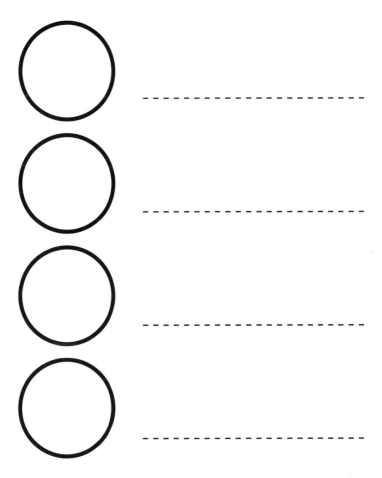

326º dia

Não interrompa seu(sua) filho(a) quando ele(a) estiver brincando concentrado(a).

327º dia

Quais são as coisas mais legais que vocês fazem quando estão na natureza?

328º dia

Façam uma lista de temas para conversar ou de brincadeiras para a próxima vez que forem a um restaurante. Assim, ninguém fica com a cara no smartphone.

329º dia

Criança: pinte este desenho com as suas cores favoritas.

330º dia

Não se culpe pelas opções que mais tarde considerar erradas. Você e seu(sua) filho(a) tomarão grandes lições e crescerão juntos em meio a todos os erros, pode apostar.

As melhores coisas que podemos fazer para animar alguém da nossa família que estiver triste:

....

....

....

....

....

....

333º dia

Motivos pelos quais é muito bom ter amigos. Ponha aqui:

1º _____

2º _____

3º _____

4º _____

5º _____

6º _____

334º dia

Cada um conta qual é o seu dia preferido na semana e por quê.

335º dia

Criança:
o que você mais gosta no seu quarto e o que você mudaria?

336º dia

Antes de fazer um combinado com uma criança, avalie: ela já tem maturidade para cumpri-lo?

337º dia

VOCÊ SABIA? SEGUNDO ESTUDOS, O MAIOR DESEJO DAS CRIANÇAS NÃO É QUE OS PAIS FIQUEM MAIS EM CASA, MAS SIM QUE SEJAM MENOS ESTRESSADOS.

338º dia

Será que você se coloca no lugar do(a) seu(sua) filho(a) quando ele(a) passa por alguma dificuldade? Reflita.

339º dia

Que tal pegar uma caixa de papelão e criar algo com ela? Ela pode virar um navio, um carro...

340º dia

Hábitos alimentares da família. O que comemos de saudável e o que é junk food? Qual lista está maior?

saudável	junk food
• _____	• _____
• _____	• _____
• _____	• _____
• _____	• _____
• _____	• _____
• _____	• _____
• _____	• _____
• _____	• _____
• _____	• _____

341º dia

Crianças:
preparem um dia de spa
para o papai e a mamãe.
O que não pode faltar?

342º dia

Criem uma cápsula do tempo. Escrevam uma carta para vocês no futuro. Guardem a cápsula num cofre e deixem para abrir daqui a 10 anos.

343º dia

Hoje é dia de criar um jogo da memória. É só pensar num tema, fazer os desenhos numa cartolina, colorir e depois, claro, jogar juntos.

344º dia

Não lote a vida do(a) seu(sua) filho(a) com atividades extracurriculares. Assim, você deixa a sua vida e a dele(a) menos estressante.

345º dia

VAMOS ELABORAR A LISTA DO "JÁ FIZ HOJE"?

- ✓ _____
- ✓ _____
- ✓ _____
- ✓ _____
- ✓ _____

346º dia

Escreva aqui o que você não sabe fazer e gostaria de aprender.

....
....
....
....
....
....

347º dia

Incentive seu(sua) filho(a) a praticar um esporte. Claro que ele(a) pode aprender a ser disciplinado(a) em casa e na escola, mas, no esporte, o aprendizado não acontece por obrigação, mas pela satisfação com as conquistas.

348º dia

Conhece canetinhas comestíveis? Elas servem para dar vida aos alimentos. Que tal pegar um alimento com o qual seu(sua) filho(a) não tenha tanta "amizade" e criar uma história divertida fazendo carinhas e bracinhos nele?

349º dia

Quais atividades seu(sua) filho(a) adora realizar e que não fazem parte do currículo da escola? Observe e faça uma lista.

350º dia

Você é perfeccionista? Procure baixar as expectativas e aceitar o limite da criança ou vai acabar querendo fazer tudo do seu jeito sem dar autonomia para seu(sua) filho(a).

351º dia

Criem o dia da reunião em família. Marquem uma data e horário e deixem uma caixinha na sala para que cada um escreva num papel o assunto que quer que seja tratado. No dia, vocês sorteiam um tema e conversam sobre ele por, no máximo, 20 minutos.

352º dia

Anote aqui o que você quer fazer de diferente dos seus pais na educação do(a) seu(sua) filho(a).

353º dia

Ser solidário é um ato de amor! Escolham um asilo, hospital ou orfanato para visitarem. Doem o tempo brincando e conversando com pessoas que precisam de atenção.

354º dia

Seu(sua) filho(a) tirou nota baixa numa prova? Não faça drama. Incentive-o(a) a descobrir por que errou.

355º dia

Pai/mãe: quem dos dois é mais permissivo e quem é mais autoritário? Que tal pensarem em maneiras de chegar a um meio-termo?

356º dia

POR QUE EU AMO A MINHA AVÓ:

POR QUE EU AMO O MEU AVÔ:

357º dia

Criança:
desenhe seu animal favorito e conte por que gosta dele.

358º dia

Adquira o hábito de explicar por que uma determinada atitude não é bacana em vez de simplesmente mandar seu(sua) filho(a) parar com aquilo.
Explicar vai ajudá-lo(a) a refletir e ter consciência dos próprios atos.

359º dia

Para refletir:
você está educando
seus(suas) filhos(as) na
perspectiva da abundância
ou da escassez?

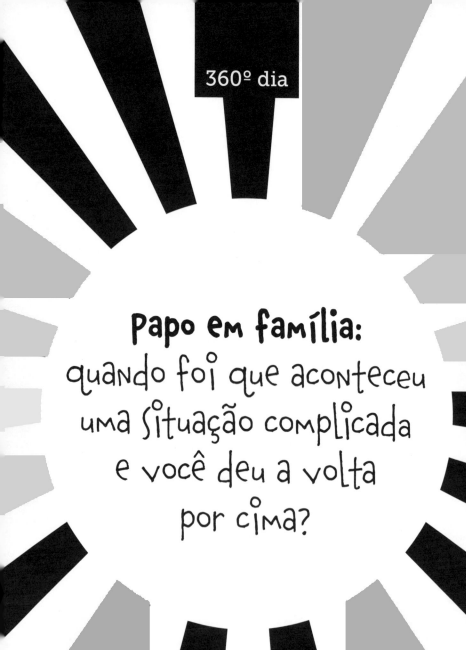

360º dia

papo em família: quando foi que aconteceu uma situação complicada e você deu a volta por cima?

361º dia

Tarefas de casa que as crianças podem fazer:

De 2 a 3 anos: organizar brinquedos junto com os pais, colocar roupa suja no cesto.

De 4 a 5 anos: lavar louças plásticas, arrumar a cama, regar plantas.

De 6 a 7 anos: cozinhar com os pais, arrumar a mesa, organizar a mochila.

De 8 a 9 anos: aspirar ou varrer o chão, trocar lençóis, guardar roupas.

362º dia

Ensine seus(suas) filhos(as) a determinar metas de vida. Escrevam algumas aqui.

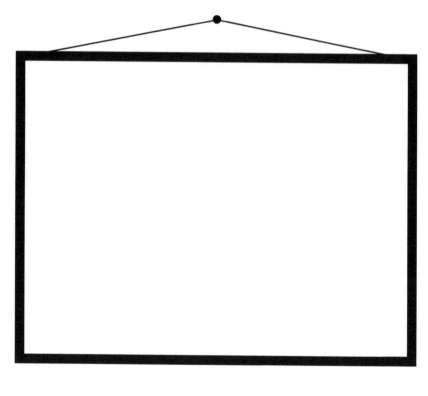

363º dia

Que tal um relaxamento divertido? Sente com seu(sua) filho(a) com as pernas cruzadas e diga para ele(a) imaginar que é um sapo sentado numa folha na lagoa. O sapo respira inchando e desinchando a barriguinha, bem quietinho para não cair na água.

364º dia

Conte para seu(sua) filho(a) uma situação em que algo demorou mais tempo para acontecer do que você gostaria. E como você lidou com isso. O que foi bom? O que faria de diferente?

365º dia

Os filhos são o seu maior presente. Curta muito a vida com eles. Se jogue nessa relação.

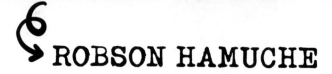

ROBSON HAMUCHE

Fundador e sócio-diretor do Resiliência Humana, Robson Hamuche graduou-se em Engenharia pela Universidade Presbiteriana Mackenzie e fez pós-graduação em Psicologia Transpessoal pelo Instituto Serra da Portaria. Em suas experiências, conta com a formação em Técnicas de Expansão de Consciência e Rebirthing pelo Instituto Brasileiro de Renascimento e Constelação Familiar Sistêmica pelo Instituto Bert Hellinger. Cursou, também, Experiência Somática com o PhD e psiquiatra clínico norte-americano Peter Levine e é certificado como Practitioner em Programação Neurolinguística pela Sociedade Brasileira de Programação Neurolinguística.

Como terapeuta transpessoal, realiza atendimentos presenciais e on-line no espaço do Resiliência Humana e tem como principal missão contribuir para o desenvolvimento do ser humano, de modo que ele reencontre o seu grande potencial e siga em direção aos seus sonhos, seu sucesso e sua felicidade.

CARLA NACIF

Formada em Relações Públicas com especialização em Marketing pelo Instituto Cultural Newton Paiva, Carla Nacif atua há mais de trinta anos como terapeuta transpessoal. Em suas experiências, conta com a formação em Constelação Familiar pelo Instituto de Desenvolvimento Sistêmico pela Vida (IDESV) e é certificada como Master Practitioner em Programação Neurolinguística pela Sociedade Brasileira de Programação Neurolinguística.

Carla Nacif tem como principal missão acolher as dores de seus pacientes para que eles possam viver de maneira mais leve, percebendo sua grande força interior e, assim, consigam correr atrás da vida que sempre sonharam.

Este livro foi impresso pela
Gráfica Geográfica em papel offset 90g
em fevereiro de 2021.